Le Petit

# Van Gogh



Catherine de Duve

# JE SUIS...

Vincent van Gogh est né dans le village de Groot Zundert, en Hollande, le 30 mars 1853. Son père, Theodorus, est *pasteur*. Vincent est l'aîné de six enfants. Il a deux frères et trois sœurs. Il s'entend très bien avec son petit frère Théo. À 16 ans, van Gogh travaille pour un marchand d'art, à La Haye, Londres puis Paris. Il visite les musées et admire les grands maîtres. Mais Vincent décide de partir en Belgique. Il prêche l'Évangile dans le Borinage, une région minière pauvre. En ce temps-là, peu d'enfants vont à l'école : ils travaillent dans les mines ou les champs, et la plupart ne savent pas lire. Vincent leur raconte les histoires de la Bible.

# Vincent

# ARTISTE!

Vincent décide de devenir artiste à 27 ans mais il ne sait pas s'il a du talent. Il commence par copier des œuvres de grands maîtres. Il s'inspire de la vie des mineurs, des paysans, des *tourbiers* et des tisserands. Les œuvres qu'il compose à cette époque sont très sombres.

***Pasteur :*** *prêtre protestant.*
***Tourbier :*** *personne qui fabrique du charbon végétal de qualité médiocre.*

**Observe au fil des années l'art de Vincent.**

1880

1882

1883

1885

1886

1887

1887

1888

1889

1889

1890

1890

# PAYSANS

Dans une petite chaumière biscornue, tout est sombre. Une lampe à huile éclaire faiblement le visage des paysans. Quelle journée épuisante ! La famille est à table et partage un grand plat de pommes de terre au lard fumant. Ni assiettes ni couteaux, on pique simplement avec une fourchette dans les patates non épluchées. Mais que boivent-ils ?

**Vois-tu les 5 tasses, les 2 cafetières et la pendule ?**

*Voici la première grande toile de Vincent. Il a 32 ans en 1885 quand il peint ce « tableau d'histoire ». Il veut montrer comment vivent les pauvres paysans de son pays.*

Cinq ans plus tard, van Gogh peint à nouveau des paysans. Autre lumière, autre ambiance ! Ce sont les moissons. Après un dur labeur sous un soleil écrasant, une sieste s'impose. Que de couleurs et de lumière ! Où sommes-nous ?

**Compare les deux tableaux. Comment sont habillés les paysans ? Chapeau de paille, casquette ou coiffe blanche, sabots, blouses…**

# MONTMARTRE

Au printemps 1886, Vincent rejoint Théo à Paris. Rendez-vous au musée du Louvre à midi ! Le peintre s'installe chez son frère dans le quartier des artistes, à Montmartre. Vincent y rencontre d'autres peintres, parmi eux, les impressionnistes et les pointillistes. Il découvre leurs nouvelles manières de peindre : « Que c'est étrange ! Ces couleurs sont fausses, que c'est mal peint ! » Mais bientôt, il change d'avis et inonde ses toiles de lumière ! Il plonge son pinceau dans les couleurs claires et pures comme les impressionnistes et ose même ponctuer sa toile de petits points comme les pointillistes.

*Vue depuis l'appartement de Théo à Paris, 1887*

À cette époque, Montmartre a un air champêtre. Les Parisiens s'y promènent le dimanche et jours de fête. Vincent peint les guinguettes, les jardins, les potagers et les nombreux moulins à vent. L'un d'eux est si petit qu'on l'appelle « Le Moulin à poivre ». Les enfants viennent l'admirer.

**Lesquels de ces tableaux sont de style impressionniste ou pointilliste ?**

# AUTOPORTRAIT

En visitant le musée du Louvre, van Gogh, stupéfait, s'arrête durant des heures devant un portrait de Rembrandt : « Quelle lumière et quelle intensité ! » Comme le grand maître hollandais, il aimerait peindre aussi des personnes. Malheureusement, il n'a pas un seul sou pour payer un modèle qui poserait pour lui.

Alors, il lui vient une idée: «Je n'ai qu'à me regarder dans le miroir et j'aurai un modèle. Cela ne me coûtera rien!» C'est ainsi qu'il réalise en cinq ans pas moins de 37 autoportraits!

*Van Gogh représente souvent ses autoportraits à mi-corps. Pourquoi penses-tu que c'est ainsi?*

**À ton tour, réalise ton autoportrait avec le chapeau de paille de Vincent.**

# JAPONISME

*van Gogh*

À Paris, Vincent découvre, dans la boutique du marchand Samuel Bing, l'art venu d'Orient et surtout du Japon. De sa vie, il n'a jamais rien vu de pareil. Les estampes japonaises l'enchantent. Paysages, montagnes, fleurs, animaux, ponts et aussi les Japonaises en kimono traditionnel. Comme beaucoup d'artistes de l'époque, Vincent aime la simplicité de cet art, ses lignes claires et stylisées qui semblent être dessinées d'un seul trait.

*Kimo*

**Comme van Gogh crée ton propre dessin d'après l'estampe d'Hiroshige.**

*Hiroshige*

« J'ai vu Tanguy hier, il a mis dans la vitrine une toile que je venais de faire... » écrit Vincent. Le marchand de couleurs, le père Tanguy, n'a jamais vendu d'estampes et, pourtant, que voit-on derrière lui ?

**Retrouve les 3 femmes en kimono, 1 colline verte, 1 montagne et des fleurs.**

# COULEURS

Vincent a revêtu son tablier bleu. Il a acheté des *tubes de peinture* à l'huile et s'est installé devant sa toile posée sur un chevalet. Il tient d'une main sa palette et différents pinceaux. Que regarde-t-il ? Il scrute son image dans un miroir. « Qui suis-je ? Quelles couleurs expriment mon âme et mes émotions ? »

**Comme Vincent, choisis une coule pour exprimer te. émotions. Colorie chacun des tubes.**

*Joie*

*Peur*

*Colère*

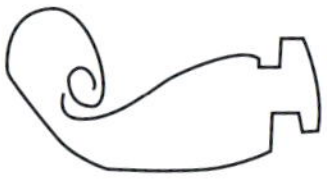

*Tristesse*

***Tube de peinture :*** *Quelle invention ! Grâce aux nouveaux tubes, plus besoin de mélanger la poudre colorée (pigments) avec l'huile. Le tube en étain, qui voit le jour en 1863, contient le mélange prêt à l'emploi. Il permet de mieux conserver la peinture et de la transporter facilement.*

**Chaque détail a sa touche. Observe les différents coups de pinceaux de Vincent. Et retrouve son matériel de peinture.**

*Tablier du peintre*

*Toile sur châssis et chevalet*

*Palette du peintre*

*Pinceaux de différentes tailles*

*Couleurs à l'huile*

*Godets pour le solvant (huile) et le siccatif (térébenthine)*

# PRINTEMPS

*Quand Théo et sa femme Jo eurent un enfant, Vincent leur offrit ce tableau.*

Après deux ans, van Gogh quitte Paris. Il a besoin de nature et de calme pour peindre. Dans le train qui l'emporte vers le Sud de la France, il observe le paysage en rêvant. La campagne est couverte de neige. Cependant, le printemps pointe le bout de son nez et les vergers de Provence seront bientôt en fleurs. « Quelle beauté ! » Vincent a hâte de les peindre. Les arbres en fleurs lui rappellent les estampes japonaises qu'il aime tant.

Arrivé à Arles, Vincent s'installe dans un hôtel près de la gare. Il expédie ses toiles terminées à Théo qui, en échange, lui envoie de quoi vivre et du matériel de peinture. Il travaille avec passion et acharnement et, en une seule journée, il peint plusieurs toiles. En deux ans, le peintre en réalise plus de 200 !

*Pêcher en fleurs*

**Colorie cette branche en fleurs. Comme Vincent, choisis des couleurs qui se renforcent l'une l'autre.**

# MAISON JAUNE

À Arles, Vincent loue une maison jaune. Depuis longtemps il a un grand rêve ! Il veut créer une maison d'artistes où ses amis peintres pourraient venir vivre et travailler. Ils formeraient un groupe qui s'appellerait « Les coloristes ». Ensemble, ils inventeraient un art nouveau et puissant. « Comme ce serait merveilleux de peindre ensemble et de partager nos idées ! » Paul Gauguin est le seul à le rejoindre. Vincent est tout content.

Sur la place Lamartine d'Arles, van Gogh habite dans une grande maison jaune aux fenêtres à persiennes vertes. Le jaune est la couleur préférée du peintre. Elle représente le soleil, la joie et l'amitié. Tout est jaune, les rues et les trottoirs. Dans la rue, des passants s'arrêtent aux terrasses des cafés. Au loin, un train à vapeur traverse le pont. Vois-tu sa fumée blanche ?

**Retrouve les détails dans le tableau. Combien de jaunes différents y vois-tu ?**

# CHAMBRE BLEUE

À l'intérieur de la maison jaune, il y a quatre pièces. En bas, une cuisine et un atelier et en haut deux chambres. Vincent veut que sa chambre soit la plus agréable possible. Elle est arrangée simplement. Il a besoin de s'y reposer, d'y lire et écrire. Il la décore et encadre ses peintures pendues aux murs bleus. De gros meubles robustes et confortables garnissent la pièce. Ne dirait-on pas une chambre d'enfant ?

À l'époque, tout le monde ne possède pas une salle de bain. On utilise une cuvette et une cruche d'eau pour se laver dans sa chambre. Que vois-tu d'autre sur la table? Vêtements et chapeau de paille pendent au porte-manteau. Quel petit nid douillet! Il y a deux oreillers et deux chaises. Vincent pense-t-il à se marier? Tout est serein dans la chambre bleue.

Tout est bien rangé dans la chambre de Vincent. Combien de différences trouves-tu entre les tableaux.

# NUIT

Les étoiles brillent dans le bleu de la nuit, la terrasse du grand café est illuminée. Sous la marquise, un serveur prend les commandes des clients. Les maisons aux fenêtres éclairées et les lampes au gaz animent la rue. Entends-tu résonner les sabots d'un cheval sur le pavement de galets ? Un fiacre arrive. Au loin, on aperçoit la silhouette du clocher de l'église. Tout semble animé et joyeux.

Vincent van Gogh aime peindre la nuit. On raconte qu'il mettait des bougies sur son chapeau et son chevalet pour pouvoir peindre dans le noir. Ou peint-il sous un bec de gaz?

*« J'ai souvent l'impression que la nuit est plus colorée que le jour. »*

À l'intérieur d'un autre établissement, le café de la Gare, de tristes clients sont avachis sur les tables. Personne ne joue au billard sous les grandes lampes aveuglantes. Les chaises sont en désordre. Les tables ne sont pas desservies. C'est le chaos! La soirée a dû être animée. Quelle heure est-il? Une ombre inquiétante plane… Vincent devait se sentir bien seul quand il peignit ce tableau. Les couleurs expriment un malaise. Le rouge contraste avec le vert et le jaune blafard pour créer une sensation instable.

**Que ressens-tu face à cette scène? Dans quel café préfères-tu aller?**

# MES AMIS

Tout au long de sa vie, van Gogh reste pauvre. Il ne vend pas ses tableaux. Malgré tout, il se fait des amis qui l'apprécient et comprennent son art. Son frère Théo, marchand d'art, est son meilleur ami. Il l'encourage et essaie de vendre ses toiles. Les deux frères s'adorent ! Vincent lui écrit qu'il est autant artiste que lui en l'aidant de la sorte. D'autres amis lui servent de modèles. Ils sont écrivain, peintre, poète, facteur, docteur, zouave… Voici deux de ses amies. L'une tient le café de la gare à Arles et l'autre est l'épouse du facteur. Que font-elles assises ?

**Comment te sentirais-tu si van Gogh réalisait ton portrait?**

Joseph Roulin travaille à la poste de la gare d'Arles. C'est un solide gaillard de deux mètres. Il habite près de chez Vincent et devient son ami fidèle. Le voici dans son bel uniforme bleu et or. Il est impressionnant avec sa grosse figure barbue ! Vincent trouve qu'il ressemble à Socrate, le grand *philosophe* grec, « un homme plus intéressant que bien des gens… »

***Un philosophe*** *est un homme sage qui pense et réfléchit sur la vie, la nature et la place de l'homme dans l'univers.*

# BARQUES

Par un beau jour de juin, van Gogh se rend jusqu'au petit village de pêcheurs des Saintes-Maries-de-la-Mer. Après des heures de marche, il se retrouve face à la Méditerranée. Il se souvient alors avec nostalgie de son pays natal, de sa famille et de ses amis. Vincent dessine les barques de pêcheurs sur la plage. L'un d'eux s'appelle *Amitié*. « Ces bateaux sont si jolis en couleurs qu'ils me rappellent les fleurs » écrit le peintre.

L'artiste utilise différentes techniques : aquarelle, chalumeau taillé et encre, peinture à l'huile…

**Choisis une technique et mets en couleur le dessin de Vincent.**

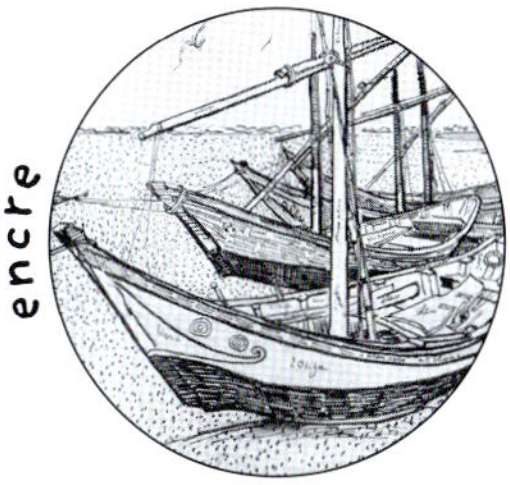

# TOURNESOLS

Les tournesols sont les fleurs préférées de Vincent. Grandes et jaunes, elles le consolent de sa solitude. Il les peint avec une incroyable rapidité, utilisant de la peinture épaisse et brossant sa toile avec de larges coups de pinceaux dans tous les sens. Quelle énergie ! « Ce style ? C'est tout Vincent ! » disent ses amis. « Je suis en train de peindre avec l'entrain d'un Marseillais mangeant la bouillabaisse », écrit Vincent.

Un jour, il reçoit une lettre qui lui annonce une grande nouvelle. L'ami Gauguin arrive ! Vincent est si content qu'il peint avec entrain et décore la chambre de Paul de grands tournesols.

Peu de temps après, van Gogh peindra d'autres fleurs tantôt piquées dans un vase, tantôt poussant le long des chemins de campagne. Ce sont ses iris sauvages. Qu'ils sont beaux!

**Un seul iris représente l'artiste dans sa solitude. Retrouve-le. Quelle couleur a-t-elle?**

# PAUL & VINCENT

Le 23 octobre 1888, le peintre Paul Gauguin arrive enfin à Arles. Les amis réunis cuisinent, mangent, peignent et discutent ensemble pendant deux mois. Mais ils se disputent souvent à propos de leur peinture. Vincent peint deux chaises. La sienne, simple et lourde, une pipe et du tabac y sont déposés, tandis que le fauteuil de Paul est élégant. Sur l'assise tressée, une chandelle et deux livres sont déposés. Que penses-tu que ces objets nous racontent sur Vincent et son ami Paul ?

**Quelle chaise choisirais-tu pour te représenter ?**

*Choisis deux objets à déposer sur ta chaise pour te décrire :*

**1.** ..................................................... **2.** .....................................................

Paul en a assez des disputes avec Vincent ! Il veut quitter Arles. À cette annonce, van Gogh devient fou de rage et de douleur. Il veut se battre mais plutôt que de frapper son ami, il finit par se couper un petit bout du lobe de l'oreille. Gauguin est effrayé par le geste de folie de son ami et quitte Arles sur le champ ! Les deux artistes ne se reverront plus jamais. Vincent est très triste. Il se peint la tête bandée d'un gros pansement, fumant la pipe.

**Peu après s'être coupé l'oreille, Vincent se peint. Pour exprimer ses fortes émotions, il choisit des couleurs fortes qui contrastent les unes avec les autres. Retrouve celles-ci dans le tableau :**

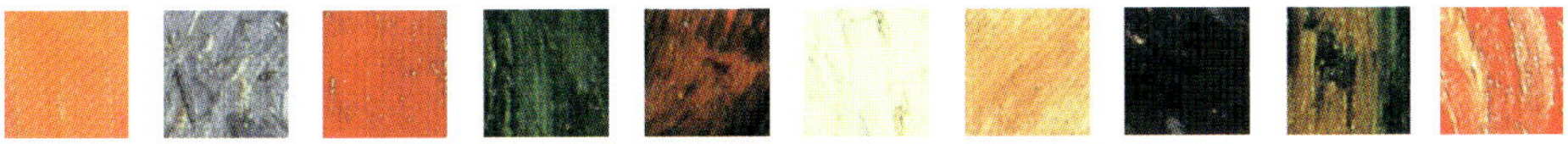

# ÉTOILE

Vincent est malade. Il a des crises et des hallucinations. On commence à avoir peur de lui. Pour se reposer, il séjourne à l'hôpital de Saint-Rémy, près de Arles. Vincent peint ce qu'il voit par la fenêtre ou de mémoire et d'imagination. Ses tableaux changent, les couleurs ont moins d'importance et de nouvelles formes apparaissent telles de grandes vagues ondulantes. Elles expriment les angoisses et les peurs qui le dévorent.

**Avec ton doigt, trace les lignes d'énergie dans le ciel.**

Après un an à l'hôpital, Vincent s'installe à Auvers-sur-Oise, près de Paris. Il se fait un nouvel ami, le docteur Gachet qui collectionne les peintures impressionnistes.

Dr Gachet

Mais Vincent souffre toujours. Une nuit d'été, Vincent se promène dans les champs de blés. Il a pris un revolver. Craignant une nouvelle crise, il se tire une balle dans la poitrine. Il meurt deux jours plus tard, le 29 juillet 1890. Son frère Théo est à son chevet.

Vincent van Gogh est enterré au cimetière d'Auvers-sur-Oise, près de l'église qu'il a peinte. L'homme qui n'a vendu qu'une seule toile durant sa vie est maintenant reconnu comme l'un des plus grands artistes de tous les temps.

**Texte :** Catherine de Duve
**Graphisme :** Kate'Art Editions
**Conception et réalisation :** Kate'Art Editions
**Correction :** Isabelle Gérard

**Crédits photographiques :**
**Vincent van Gogh**
**Amsterdam : Fondation Vincent Van Gogh :** *Autoportrait comme peintre,* 1888 : pp. 1,12-13 *Les Mangeurs de pommes de terre,* 1885 : pp. 3-5 - *Vue de Paris depuis l'appartement de Théo de la Rue Lepic,* 1887 : pp. 3, 6 - *Branche d'amandier en fleurs,* 1890 : pp. 3, 14 - *Coin à Montmartre : Le Moulin à Poivre,* 1887 : p. 7 - *Autoportrait en chapeau de paille,* 1887 : pp. 8-9 - *Japonaiserie : Oiran (d'après Kesaï Eisen),* 1887 : p. 10 - *Le Prunier en fleur (d'après Hiroshige),* 1887 : p. 10 - *Branche d'amandier en fleurs dans un verre,* 1890 : p. 15 - *La Maison jaune (la maison de Vincent),* 1888 : couverture, pp. 16-17 - *La Chambre de Vincent,* 1888 : p. 19 - *Barques à Saintes-Marie-de-la-mer,* 1888 : pp. 24-25 - *Les Tournesols,* 1888 : couverture, p. 26 - *Vase avec Iris,* 1890 : p. 27 - *Le Fauteuil de Paul Gauguin,* 1888 : p. 28 - *Champ de blé avec corbeaux,* 1890 : p. 31

**Otterlo : Kröller-Müller :** *L'Angélus du Soir (d'après Millet),* 1880 : p. 3 - *Femmes portant des sacs de charbon,* 1882 : p. 3 - *Paysanne moissonnant, vue de derrière,* 1885 : p. 3 - *La Butte de Montmartre,* 1886 : p. 3 *Le Moulin de la Galette,* 1886 : p. 6 - *Pêchers roses (Souvenir de Mauve),* 1888 : p. 15 - *La Berceuse : Madame Augustine Roulin,* 1889 : p. 22 - *Terrasse du café le soir, place du Forum,* 1888 : pp. 3, 20

**Paris : Musée d'Orsay :** *Portrait de l'artiste,* 1889 : p. 2 - *La Méridienne ou La Sieste (d'après Millet),* 1890 : p. 5 - *La Chambre à coucher,* 1888 : couverture, pp. 3, 18 - *Le Restaurant de la Sirène à Asnières,* 1887 : pp. 3, 6 *Portrait du Docteur Gachet,* 1890 : p. 31 - *L'Église d'Auvers,* 1890 : p. 31 - **Stavros S. Niarchos :** *Portrait du Père Tanguy,* 1887-1888 : p. 11

**Londres : Courtauld Institute Gallery :** *Autoportrait à l'oreille bandée,* 1889 : p. 9 - **National Gallery :** *La Chaise de Vincent avec sa pipe,* 1888 : p. 28

**USA : Washington : National Gallery of Art :** *Champs de tulipes,* 1883 : p. 3 - **New Haven : Yale University Art Gallery :** *Le Café de nuit, place Lamartine,* 1888 : p. 21 - **Los Angeles : The J. Paul Getty Museum :** *Iris,* 1889 : cover, p. 27 - **Boston : Museum of Fine Arts :** *Portrait de Joseph Roulin,* 1888 : p. 23 - **New York : MET :** *L'Arlésienne : Madame Ginoux,* 1888 : p. 22 - **MoMA :** *Nuit Étoilée,* 1889 : p. 30 © 2008 The Museum of modern Art, New York

**Collection privée :** *Autoportrait avec pansement,* 1889 : p. 29 - *Barques à Saintes-Maries,* 1888 : p. 25

**Utagawa Hiroshige :** *Le Prunier du salon de thé à Kameido,* 1857 : p. 10

**Remerciements à :** Julie Stouffs, Eric Vaes, Priscilla d'Oultremont, Wenda O'Reilly, Ph. D., Margaret Nab, Kröller-Müller Museum, Otterlo, Suzanne Bogmann, Van Gogh Museum, Amsterdam et tous ceux qui ont participé à la réalisation de cet ouvrage.